Pour Jean, Timothée, Augustin, Joséphine et pour leurs fabuleux grands-parents.
Agnès de Lestrade

Pour Madeleine-Rose et Isaac, mes deux animaux,
à qui j'espère avoir appris à regarder la vie avec poésie.
Prune Cirelli

Coordination éditoriale : Sylvie Désormière
Illustratrice : Prune Cirelli
Maquettiste : Caroline Robin

www.editions-micmac.com
ISBN : 978-2-36221-315-1
Dépôt légal : juin 2016

Conforme à la loi N°49-956 du 16 juillet 1949
sur les publications destinées à la jeunesse.
Imprimé en Espagne

Agnès de Lestrade

Ma super NOUNOU !

Illustrations de Prune Cirelli

MicMac
ÉDITIONS

MOI,

J'AI UNE SUPER NOUNOU !

MES PARENTS

EN ONT VU BEAUCOUP

AVANT DE
LA CHOISIR !

Une poule

trop GOURMANDE...

UN MOUTON

TROP GROGNON !

Une fourmi

trop

timide…

UN CROCODILE

TROP SOURIANT…

MA NOUNOU,
ELLE M'A PLU TOUT DE SUITE.

– Je m'appelle Fifine,
elle a dit en tournoyant dans le salon.

Puis elle m'a collé un gros smack sur le front.
Mes yeux brillaient tellement...

– Vous êtes embauchée ! ont dit mes parents.

DEPUIS, TOUS LES MATINS,

JE PARS
À L'ÉCOLE
SUR SON DOS.

ET J'AI BEAUCOUP DE SUCCÈS !

FIFINE ME DÉPOSE DEVANT MA CLASSE
ET REPART EN COURANT.

IL FAUT DIRE QU'ELLE A BEAUCOUP DE CHOSES À FAIRE !

CRUNCH
CRUNCH
CRUNCH
CRUNCH
POP CORN

À L'ÉCOLE, MES COPAINS AIMERAIENT BIEN CARESSER LES PLUMES DE FIFINE, GRIMPER SUR SON DOS.

NON MAIS, MA FIFINE,

C'EST PAS

UN MANÈGE !

Alors un jour,
mon institutrice, qui est
la plus maligne du monde,
a demandé, à chacun
de nous, d'emmener

notre animal de compagnie.

Le lendemain, je suis arrivée sur le dos de Fifine avec Gaston mon poisson rouge.

ET COMME D'HABITUDE, FIFINE EST REPARTIE EN COURANT.

IL FAUT DIRE QUE FIFINE A BEAUCOUP DE CHOSES À FAIRE.

ZOO

PENDANT CE TEMPS, DANS LA CLASSE,
C'ÉTAIT LE GRAND BAZAR BAZAROÏDE !
IL Y AVAIT

LE FURET D'AGLAÉ,

LE LAPIN DE CORENTIN,

L'ESCARGOT DE MARGOT,

LE HAMSTER DE PHILIBERT...

LE CHAT DE SARAH,

LE CHIEN DE SATURNIN,

ET MON **POISSON ROUGE.**

ET DANS CE BROUHAHA VACARMANTESQUE,
MON INSTITUTRICE S'EST TOURNÉE VERS MO
- EUH...TU N'AS PAS EMMENÉ TON...
AUTRUCHE ?
- MAIS... CE N'EST PAS
UN ANIMAL DE COMPAGNIE !

C'EST MA

NOUNOU !

TOUTE LA CLASSE A ÉCLATÉ DE RIRE
DEVANT LA TÊTE DÉCRÉPITÉE
DE L'INSTITUTRICE.

VRAIMENT, MA NOUNOU, ON PEUT PAS DIRE !
C'EST LA MEILLEURE DU MONDE !